Ofrenda /
Offering

Ofrenda / Offering

Bilingual Poetry (Spanish-English)

Marie Delgado Travis

www.lulu.com

Ofrenda/Offering
Published through Lulu.com

Back Cover photo by Luis Mercado
Caparra, Puerto Rico (1991)

Book Design and Layout by
www.integrativeink.com

— TABLE OF CONTENTS —

Porque Eres...

Mi Macías,

Mi Musa...

Suma de

Todos mis sueños

Hechos realidad.

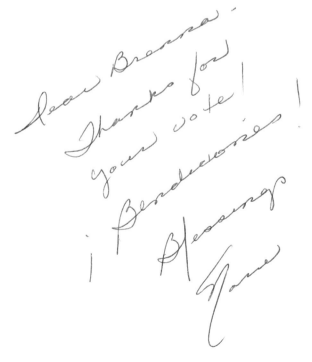

Dear Brenda –
Thanks for
your vote!
¡Bendeciones !
Blessings
Norma

— INTRODUCTION —

I was graciously invited by Tony Diaz of KPFT-90.1 FM's award-winning radio program, **Nuestra Palabra: Latino/a Writers Having Their Say** to do a reading at a Hispanic cultural event, La Feria de La Mujer, which was held at Hilton Las Americas in Houston, Texas on March 13, 2005.

By the time I was to read, a group of children had gathered around our booth and I asked if they preferred that I read in English or in Spanish. One of the children, the cutest little button of a boy, said proudly, "I understand both!" The other children raised their hands to express that they, too, understood both languages. They listened to my more age-appropriate bilingual poetry for over a half an hour, more than patiently – enthusiastically.

It was a wonderful revelation to me. I grew up speaking Spanish at home and English at school and in the neighborhood. But I wasn't sure if parents today still valued the beauty of the Spanish language. I was thrilled to know that Spanish and English share positions of honor in the Hispanic household.

This is the second in a series of bilingual poems, which I hope will be accessible, entertaining – and educational.

Marie Delgado Travis
Houston, TX
Spring 2005

— ABOLENGO —

Recuerda, hijo mío,
cuando presientas
el desdén de los demás...
que eres descendiente
del Conquistador valiente
quien cargó sobre los mares
la Santa Cruz del Redentor.
Quien con fe en el Señor,
y a nombre del monarca,
mandó a quemar su barca,
para no mirar atrás,
y forjar tu destino
en un Mundo Nuevo mítico.

Más ten, hijo, presente,
que llevas la sangre regente
del Cacique y su mujer isleña,
dóciles ánimos, pero gigantes.
Seres pacientes, generosos,
quienes sufrieron desengaños,
enfermedades y trabajos
—sin fin y sin piedad—
para legarte tierra riqueña.

No olvides, mi bien,
que corre, también,
por tus venas el sudor
del fuerte esclavo,
de cuerpo escultural negro,
en sol y resplandor forjado...
Hombre quien, con orgullo,
aún encadenado,
callosas manos empuñó,
en grito existencial

y retó a su cruel destino...
elemento final y esencial
de tu rico abolengo.

No te quejes de tu sino, hijo
—¡no lo tires al vacío!—
cuando tus abuelos
—cuántas generaciones—
sufrieron tanto en tu sitio
para dejarte herencia sin par,
lograda siglo a siglo
con pena, sacrificio
y noble hazaña sin cesar.

Es, por ello, tu deber sagrado
levantar la cabeza
y con cuerpo erguido,
ser—por fin—
en su honra y lugar,
feliz.

— LINEAGE —

Remember, my son,
when you perceive
the disdain of others...
that you are a descendant
of the valiant Conquistador
who carried the Holy Cross
of our Redeemer
across the oceans.
Who with faith in the Lord
and in the name of his Monarch,
ordered his ship burned,
so as not to look back,
and shape your destiny
in a mythical New World

Son, keep well in mind,
that you bear the regent blood
of the Chieftain and his island bride,
gentle, yet gigantic spirits,
patient, generous beings,
who suffered disillusionment,
disease and hard work
—endless and without pity—
to bequeath to you an opulent land.

Don't forget, my treasure,
that through your veins
runs the sweat
of the mighty slave,
his sculptural black body
forged in sun and splendor...
A man who, with pride,
even enchained,
raised calloused hands

in fisted, existential cry
and challenged
his cruel destiny...
final and essential element
of your rich ancestry.

Don't bemoan your fate, son
—don't throw it to the void!—
when your grandfathers
—so many times great—
suffered dearly in your place
to leave you an inheritance beyond price,
garnered century by century
with pain, sacrifice
and noble deed incessant.

Because of this,
yours is a duty sacred,
to lift your head,
and with body held proud,
to be—finally—
in their honor and stead,
happy.

— BUSCO —

Busco una playa,
La playa de mi niñez
Donde el sol me tostaba
Y me bañaba,
Campante,
Cobijada en los brazos
De mi papá
Entre olas y estrellas.

Busco una sombra,
La sombra serena
de mi vejez.
Dormir entre tus brazos,
Soñante,
Sin más horizonte
Que tus besos de cristal.

Boyante.

— I SEEK —

I seek a shore,
The shore of my childhood,
Where the sun browned me
And I bathed,
Joyously,
Sheltered in my
Father's arms
Amid waves and stars.

I seek a shade,
The peaceful shade of
My old age.
To sleep in your arms,
Dreamingly,
Without farther horizon
Than your crystal kisses.

Buoyant.

— CANCION DE LA GOLONDRINA —

En los tiempos de arlequines,
una linda golondrina
se enamoró perdidamente
de un apuesto ruiseñor.

Las otras golondrinas
feas, malas y celosas
se reían desdeñosas
de tan loca pasión.

Y cruelmente le decían
que su alma cristalina
no tendría salvación.

La bella golondrina
dulce y sabiamente
a todas ellas replicó:

¿Cómo puede ser pecado,
aspirar a un gran amor?

— THE SWALLOW'S SONG —

In the time of harlequins,
a pretty swallow
fell madly in love with a
handsome nightingale.

The other swallows,
jealous, ugly and mean,
laughed with disdain
at such a crazy passion.

And, cruelly, they'd say
that her crystalline soul
could not be saved.

The lovely swallow,
sweetly and wisely
responded to all:

How can it be sin
to aspire to a great love?

— COMO TE BESARIA —

¿Cómo te besaría?
Ay, cariño, no sé,
pero creo que sería
con mucha fe.

Te besaría
con una sonrisa
y una que otra caricia
con calma y sin prisa
ya que tanto
lo he esperado
y soñado.

Te quitaría los espejuelos
para contemplar
en tus ojos
los destellos.

Más, para asegurarme que
no fueras imaginarías mías,
te pellizcaría con los dedos.

Y después de darle
gracias al cielo
por cumplir mi mayor anhelo,
y tal vez, lagrimar un poco
al tocar tu cabello.
emprenderíamos
nuestro gran vuelo....

¿Y tú?

¿Cómo reciprocarías?

— HOW I'D KISS YOU —

How would I kiss you?
Ah, dearest,
I don't know,
but I suppose
it would be with
a great deal of faith.

I'd kiss you
with a smile
and a caress or so,
calmly, unhurriedly,
since I've waited
and dreamt it
for so long.

I'd remove your glasses
to contemplate
the flicker of light
in your eyes.

And, just to be certain
that I didn't create you
with my imagination,
I'd pinch you
with my fingers.

Then, after thanking Heaven
for granting my prayer,
and perhaps, shedding
a tear or two
as I stroked your hair,
we'd begin our
wondrous flight...

And you?

How would you
reciprocate?

— EL COMIENZO —

Así que dejémonos llevar
por la música florida,
cálida, que,
desde niñas y
por milenios ya,
ha embriagado
—y guiado
nuestros sueños
más extraños
e íntimos...

y juntitas y alegres,
bailemos con pasitos
de filigrana blanca
8½ x 11

a doble espacio,

disquito de viníl rayado
Times New Roman 12
revoluciones

al ritmo del merengue de
márgenes de
una pulgadita a cada lado

por aquellas ... las mujeres
que guardan aún su belleza
y sus gritos de amor
tras velos
de gasa,
lutos, opacos...
de vez en cuando,
sofocantes

— THE BEGINNING —

And so let's be led
by the warm,
ornate music that
since girlhood
and for millennia
has inebriated
—and guided
our strangest,
innermost
dreams...

and together,
cheerfully,
let's dance with
white filigree steps
8½ x 11

double spaced,

scratched vinyl record
Times New Roman 12
RPM,

to merengue rhythms
of one inch margins
on each side

for them ... the women
who still hide their beauty
and cries of love
behind veils
of gauze,
mournful, opaque
and at times,
suffocating

— EL DESAHUCIO —

Me levanté calladita hoy
como en tantas ocasiones,
para esconder mis lágrimas.

No es porque tengo
que dejar este lugar.
Sé que pertenecemos
al aire.

Lo que me duele
es que en cada rincón
de mi hogar estás tú...

y es lo único que tengo.

— THE EVICTION —

I arose quietly today,
as on so many occasions,
to hide my tears.

It's not that I have
to leave this place.
I know we belong
to the air.

What hurts me is that
in every corner
of my home,
there's you...

and it's all I have left.

— EL PAJARITO ENJAULADO —

Había un pajarito
que vivía,
un poco apretadita,
pero cómodamente,
en una linda
jaulita dorada.

Nadie le había dicho
que no podría salir de allí.
Ella creía, feliz, que todos
los pajaritos vivían así.

Un día soleado,
sólo un toquecito nublado,
llegó a su ventanita
una gaviotita,
libre y aventurero,
—muy apuesto,
por supuesto—
y llenó su cabecita
con ideas locas
de los mares y
el cielo.

Le invito a dar con él
su primer vuelo.

El pobre pajarito
trató y trató...
Pero no sabía
que cuando
su dueño
la encerró
fue para siempre,
hasta la muerte.

¡Qué mala suerte!
Porque su amo,
ciego y sordo,
no la veía.
Ni siquiera
escuchaba
su canción.

— THE LITTLE CAGED BIRD —

There was a little bird
who lived a bit snugly,
but otherwise
comfortably, in a
pretty golden cage.

No one ever told her
she couldn't leave.
She thought, happily, that all
little birds lived that way.

One sunny day,
just a shade cloudy,
there came to
her little window
a free and
adventurous
sea gull
—quite dashing,
of course—
and he filled
her tiny head
with wild ideas
about the seas
and the sky.

He invited her to take
her first flight with him.

The poor little bird
tried and tried...
But didn't know that
when her owner
locked her up,

it was forever,
until death.

What rotten luck!
Because her master,
blind and deaf,
couldn't see her.
He didn't even
hear her song.

— INSTRUCCIONES
EN CASO DE... —

Me pediste cariñosamente
un día que no me muriera
sin decirte adónde voy.

Pero sólo quiero ir donde
vayas tú, mi cielo.

Tenemos que ponernos
de acuerdo,
si nos portamos bien
o seremos traviesos.

Y no obstante
cuál de los dos
se vaya primero,
debemos seguir
las siguientes
instrucciones:

No olvides regar
miguitas de pan
en el camino
—para el otro seguir
y sentirse seguro—
con una notita para
los pajaritos:
"Favor de no comer."

Ellos entienden lo
que es el querer.

Ah ... y el último que llegue,
favor apagar la luz.

— INSTRUCTIONS
IN CASE OF... —

You asked me sweetly once
not to die without telling you
where I'm going.

But I only want to go
where you go, my heaven.

We have to agree, then,
whether to behave
or to be naughty.

And no matter
which of the two
goes first,
we should follow
these instructions:

Don't forget to sprinkle
bread crumbs
along the path
—for the other
to follow
and feel secure—
with a little note
to the birds:
"Please do not eat."

They understand
what it is to love.

Ah ... and the last to arrive:
please turn off the lights.

— LA ALMOHADA —

Cuando me desees
a tu lado,
búscame debajo
de tu almohada.

Si al virarla,
sientes frío,
no hay cuidado.
Pronto sentirás
cosquillitas
en el costado,
y te encontrarás
de seda
mimado,
acariciado,
besado.

Y cuando vires
la almohada
del primer lado,
soñarás con
angelitos,
sobre mi
vientre abultado.

— THE PILLOW —

When you want me
by your side,
look for me
under your pillow.

If upon turning it,
you feel a chill,
no need to fret.
Soon you'll
be tickled.
In silk,
pampered.
Kissed,
caressed.

Turn the pillow
back again,
and you'll
dream of
angels,
upon my
cushioned
womb.

— LA VENTANA —

Aquella ventana abierta
en los proyectos,
Hasta donde a veces
se trepaba once pisos
Una esperancita verde
a rezar.

Desde donde veíamos
el tren de la tercera avenida
y nos dormíamos con su sonido.

Por la cual salía el humo de incienso
y el olor a chuletas fritas.
Y observaba a Officer Jiménez
(Jiminy para nosotros)
proteger al edificio
deseando tantas veces
que fuera mi papá.

Desde donde se oía
(cuando más tranquilos
creía que estaban)
una nueva erupción
de mis padres
y los gritos al cielo
de mi mamá,
"¡Mándame más
si más me merezco!"
Y yo le decía avergonzada,
porque nos oían los vecinos,

"Shh, mamí,
¿no te das cuenta
que Dios te escucha

y cada vez que pides eso,
nos envía más desgracias?"

Desde esa ventana se apreciaba
la música de Tito Puente
en mis fiestas de cumpleaños,
que a mis amistades
les encantaban
porque mis padres
les daban clases de baile,
one, two, cha cha cha.

Por la ventana,
se escapó mi canario Pedro
y a su parejita Pablo
se le partió el corazón.

Por ella a veces veía
a los padres de mis amigos
llegar borrachos,
agradeciéndole al cielo
que nunca fue el mío...
y a las mamás con sus coches
dándole "aire saludable"
a sus bebés o subiendo
la cuesta empujando
carritos de compra.

"Silvano," se oía a una madre
llamar a su hijo a cenar
y si no llegaba pronto,
le daba una bofetada
frente a quien fuera.
Pobre Silvano.
¿Tendrá hoy una esposa
que le recuerda a ella?

Por la ventana,
nuestras madres tiraban pesetas,
para que compráramos mantecado

y mi hermano echaba la espinaca
que no le gustaba,
mientras tratábamos
de mantener caritas de
"Aquí no ha pasado nada."

Con el paso del tiempo,
yo saludaba a un amiguito,
que vivía en el edificio opuesto
y mi corazón hacía tún-tún.
Pero evitaba mirar al edificio
desde donde se tiró un hombre,
las monedas de su bolsillo
llegando un poco antes que él...
atrayendo a los niños al lugar
con su sonido metálico.
No sé cómo Galileo
explicaría eso.

Tampoco miraba hacia el edificio
donde murió un primo segundo
de mi papá.
Me entristecía pensar
como algunos familiares
llegaron al apartamento,
no estando él todavía frío,
para vaciar su ropero,
sin importarles mucho
sus hijos o la viuda.

Oí por esa ventana
los gritos de socorro
de una joven
que iba a la iglesia
y alguien trató de ultrajar.
Los vecinos salieron
y lo corrieron.
Velábamos el uno por el otro.

Veía a los viejitos
sentados en los bancos,
los cambios de estaciones,
resplandor incesante
—esmeralda, dorado, plateado—
una esquinita del monasterio;
el lugar donde
atrapábamos luciérnagas
con nuestras manos
para soltarlas
demasiado pronto...

El parque donde jugábamos
en los columpios,
los hijos de inmigrantes
de tantas naciones,
gente trabajadora ...
sin imaginarnos
que algún día
haría un buen
punto de drogas.

Aquella ventana conducía
al cielo, aunque rara vez
se entreveían las estrellas.

Y se escapaban
los gruñosos ruidos
de nuestra máquina
de lavar de rodillo
absurdamente
pasada de moda,
otro estruendo
que tanta vergüenza
me causaba.

Pero era que
el próximo año y el próximo,
por diez y siete años,
estaríamos en Puerto Rico

y no valía la pena arreglar
o comprar nada.

Hasta donde llegó
el "I love you"
de mi novio,
el que me llevó
sólo a seis cuadras de allí,
pero, ¡ay bendito!,
era lo mejor que podía.

Desde donde la luna
alumbraba mi asignación
del próximo día.

A veces creo que
mi horizonte cambió,
pero tal vez sólo fue
un cambio de ventana.

Esa ventana abierta
en los proyectos
tenía cadenas
para proteger a los niños
y tal vez, evitar que
los adultos se arrojaran.

Tenía cadenas...
que me atan aún.

— THE WINDOW —

That open window
in the projects,
To where a mantis
sometimes climbed
eleven stories
to pray.

From where we saw
the Third Avenue El
and fell asleep
to its sound.

Through which the smoke of incense
and aroma of fried pork chops escaped.
And I'd observe Officer Jiménez
(Jiminy to us)
protecting our building,
wishing so often
that he were my father.

Where one could hear
(when I thought
they were most tranquil)
a new eruption
from my parents
and the cries to heaven
of my mother,
*"¡Mándame más
si más me merezco!"*
"Send me more if that's
what I deserve!"
And I would say, embarrassed,
because the neighbors overheard,

"Shh, mommy,
don't you realize
that God listens to you
and each time you ask that,
He sends us more misfortune?"

From that window
the music of Tito Puente
could be heard
at my birthday parties,
which my friends enjoyed,
because my parents would
give them dance classes,
one, two, cha cha cha.

Through the window,
my canary Pedro escaped
and his little pair Pablo's
heart was broken.

From there, I sometimes watched
my friends' fathers
come home drunk...
thanking heaven that
it was never mine...
and mothers with strollers
giving their babies "healthy" air
or pushing their shopping carts
up the hill.

"Silvano," you could hear a mother
call her son to dinner
and if he didn't arrive promptly,
she'd slap him
in front of anyone.
Poor Silvano.
Does he now have a wife
who reminds him of her?

From the window,
our mothers threw quarters
so that we could buy ice cream
and my brother dumped
the spinach he disliked,
while we tried to maintain faces of
"Nothing's happened here."

With the passage of time,
I would greet a little boyfriend
who lived in the opposite building
and my heart would go thump-thump.
But I avoided looking at the building
from where a man hurled himself,
the money from his pocket
arriving a little before he did...
attracting children to the place
with its metal sound.
I don't know how Galileo
would explain that.

I also didn't look toward
the building where
my father's second cousin died.
It saddened me to think
how relatives had gone
to that apartment,
his body not yet cold,
to empty his clothes closet,
without caring much about
his children or the widow.

I heard through that window
the cries for help
of a young girl,
who was on her way to church
and someone tried to rape.
The neighbors came out
and ran him off.
We protected each another.

I could see the old people
sitting on the benches,
the change in seasons,
incessant splendor
—emerald, gold, silver—
a small corner
of the monastery;
the place where
we caught fire flies
with our hands
to release them
much too soon...

The park where we
played on swings,
the children of immigrants
from so many nations,
hard-working people...
never imagining
that one day
it would make
a good drug point.

That window led to the sky,
although stars could
rarely be seen.

And the groaning noises
of our roller washing machine,
absurdly old-fashioned, escaped,
another uproar that
caused me so much
embarrassment.

But it was that
next year and the next,
for seventeen years,
we would be in Puerto Rico,
so it wasn't worth fixing
or buying anything.

To where the "I love you"
of my fiancé reached,
the one who took me
only six blocks from there.
But, *¡ay bendito!*,
for pity's sake,
it was the best he could do.

From where the moon
lit my homework assignment
for the next day.

I sometimes think that
my horizon has changed,
but perhaps it was just
a change of window.

That open window
in the projects
often had chains to
protect the children.
And perhaps to keep adults
from flinging themselves.

It had chains...
and they bind me still.

— LECCION DE BAILE —

Sucumbo...
leve y sonámbula,
al sonido
melancólico
de un tango.

Pentagrama de
pasiones prohibidas.
Implosión callada
que me encierra
en mil caricias
prometidas.

Acordes tristes,
lejanos de un
acordeón solitario.

Sonidos seductores
que retumban
desde hace siglos
en mis sueños
más secretos.

Entrega aérea
entre tus brazos
—tan lejanos.

Pavesa moribunda
en la media luz
de tu recuerdo.

Y apenas sin rumbo,
me convierto,
sigilosamente,
en tu canción.

Expresión silente
de todos los ritmos
confundidos
que nos unen...
y que me funden
para siempre en el
espejo de un
salón de baile.

— DANCE LESSON —

I succumb...
light and
somnambulant,
to the ancient,
nostalgic sound
of a tango.

Pentagram of
forbidden passions.
Silent implosion
that envelops me
in a thousand
promised caresses.

Heartrending,
distant chords
of an accordion,
solitary,
otherworldly.

Seductive sounds
that have reverberated
for centuries in
my innermost
dreams.

Ethereal
surrender
in your arms
—so absent.

Moribund ember
in the half light
of your memory.

And aimlessly,
surreptitiously,
I become your song.

Soundless expression
of all of the
confused rhythms
that unite us...
and fuse me forever
in the mirror
of a dance hall.

— MITO DE AMOR —

Tu amor, don de dioses,
desencadena a mi Prometeo.
Como Sísifo, carga mi piedra.
Lanza a Icaro más allá
de mis estrellas.
Me creo Fénix en tus brasas.
Guías a mi Ulises perdido
Y aún Narciso,
contemplando tu reflejo
en el agua,
llora al ver cuánto me amas.

— MYTH OF LOVE —

Your love, gift of the gods,
unchains my Prometheus.
Like Sisyphus, it carries my burden.
It catapults Icarus beyond my stars.
I am forged Phoenix in
your burning coals.
You guide my lost Ulysses.
And even Narcissus,
contemplating your reflection
in the water,
weeps when he sees
how much you love me.

— OFRENDA —

Tíreme p'aca...
Jáleme p'alla.
Sí, así, gracias.
No tengo mente propia.
Dos tres cuatro...
Piruetas para Usted.
O, ¿no estamos en ritmo?
La culpa es mía. Perdone.
No me guía Usted bien,
pero no importa.
Lo admito—
es que no sigo bien.
No tengo mucha gracia.
Piruetas para Usted.

Digo lo que quiero:
es ROJO.
Ay, sí, ¡me encanta el rojo!
Dice Usted que digo rojo,
pero lo que
VERDADERAMENTE
quiero es azul.
Mi cabecita de ardillita
(como la llama Usted)
da vueltas, vueltas
y revuelca:
"¿Tiene Usted idea de
cuántos años estudié?"
Yo sé MUY bien decir azul
cuando quiero azul.
Pero callo, cedo, relego
regañadientes,
mi cognito ergo sum.
Primero por amor.

Y luego para evitar
"disgustos."
Con Usted, Señor,
cognito ergo zoo.
Uno, dos y tres.
Piruetas para Usted.

Me encuentro libre una tarde.
Una de esas raras veces
que estoy—¡Ah,
por fin!—sola.
¿Y qué hago para ocupar el tiempo?
Sentarme en una silla alta giradora
de un salón de maquillaje très chic.
Píntenme de porcelana, por favor—
sí, mucho, mucho bondo, please,
como un payasito gracioso,
el más alegre arlequín,
para que me encuentren esta noche
(si es que acaso me miran)
bonita ... o por menos, aceptable.

Cuatro, cinco, seis
Una y otra vez,
Gírenme, Vírenme...
Y de paso, tal vez,
Mírenme...
¡lo feliz que estoy!
Rápido, más rápido, ¡MAS!
Hasta marear.
Hasta vomitar.
Tal vez con eso
Pierda peso
Para poder
Agradarles más.

Una máscara, una lágrima,
El dolor más profundo.
Rosa de papel translúcido
que se ofrece al vacío.

¡Lista! ¡Perfecto!
¡Luz, cámara, sonríe, sonríe!
Cheeeze! Whiskeeee!...
Piruéticas para Usted.
Un pasito para alante,
dos pasitos para atrás.

Payasito, ay pobrecito,
¡Qué nunca se nos caiga
el antifaz!
Gira, gira,
grita, GRITA—
cuidándonos bien
que todo sea sin sonido,
para no interrumpir.
Shh... Calladitos, calladitos
Para No Molestar.
Está leyendo el periódico,
Está viendo televisión.
Esos numeritos que revisa
Son MUY importantes.

¿Quiere Usted bailar conmigo?
Me recuerda tanto a mi papá.
No importa cómo me tire,
Cuánto me hiera,
Cuánto le llegue a detestar,
Cumpliré hasta que mi Muerte
—con suerte prematura—
Nos separe, ay, sí...
Las más exquisitas
Piruetas para Usted.

— OFFERING —

Pull me here...
Throw me there.
Yes, just like that!
Thank you, Sir!
I have no mind of my own.
Two three four...
Pirouettes for you, Sir.
Oh, you say, we're not in sync?
The fault is all mine. Pardon.
You don't lead very well,
but no matter.
I admit it—
I'm not very graceful.
Pirouettes for you, Sir.

I say what I want:
it's RED.
Oh, yes, I love red!
You tell me, Sir,
that I say red,
but what I REALLY
want is blue.
My tiny squirrel cage brain
(as you call it, Sir)
revolves, revolves,
and revolts,
"Do you have any idea, Sir,
how many years I studied?"
I know FULL well
how to say blue
when I mean blue.
But I'm silent, I yield,
reluctantly surrender
my cognito ergo sum.

First for love's sake,
Then later, to avoid
"unpleasantness."
With you, Sir,
cognito ergo zoo.
One, two and three.
Pirouettes for you.

I find myself free one afternoon.
One of those rare moments
when I'm—Ah,
at last!—alone!
And how do I spend the time?
Sitting in a tall revolving chair
in a très chic make-up salon.
Paint me porcelain, please.
Yes, lots and lots of plaster, please—
like a funny little clown,
the happiest of harlequins,
so that Sir will find me
(should he chance to look)
pretty tonight ... or at least,
acceptable.

Four, five, six.
Again and again.
Spin me, turn me,
And while you're at it,
Look at me...
how happy I am!
Faster, faster...
MORE!
Until I get dizzy.
Until I vomit.
Perhaps with that
I'll lose weight
and please all
of you more.

A mask, a tear,
The deepest pain.
A translucent paper rose
offered to the void.
Ready! Perfect!
Lights, camera, smile, smile!
Cheeeze! Whiskeeee!...
Pirouetics for you.
One step forward,
two steps back

Oh, poor little clown!
Let's never, ever lose
our masks!
Spin, spin,
scream, SCREAM—
Careful that it be
Without a sound,
So we don't interrupt.
Shh... softly, softly
So that we
Do Not Disturb.
He's reading the newspaper,
He's watching television.
Those numbers that he's checking
are VERY important.

Would you care to dance with me, Sir?
You remind me so much of my father.
It doesn't matter how much you pull me,
How much you hurt me,
How much I come to detest you,
I will fulfill until my Death
—with luck, premature—
Separates us, ah, yes...
The most exquisite
Pirouettes for you.

ACKNOWLEDGMENTS

The following poems by Marie Delgado Travis previously appeared as follows:

"Abolengo," ***Chicken Soup for the Latino Soul*** (Deerfield Beach, FL: Health Communications, August 2005), pp. 34-35. Jack Canfield, Mark Victor Hansen, Susan C. Sanchez, Editors. English version.

"Myth of Love," www.longstoryshort.us (July 2005). English version.

"Lección de Baile," published at www.centropoetico.com (Spring 2005). Spanish version.

"The Window," English version read during an interview on radio program, ***Nuestra Palabra: Latino/a Writers Having Their Say (On the Air)***, KPFT-90.1 FM, Houston, TX, March 9, 2005. Tony Diaz, Liana López, Co-Producers/Announcers.